I 46
16
189

I b 46.189.

UNE CONSTITUTION

ET

POINT DE CONSTITUTIONS,

OU

MON VOTE LIBRE

SUR L'ACTE ADDITIONNEL

AUX CONSTITUTIONS,

Du 22 Avril 1815,

SOUMIS A LA SANCTION DU PEUPLE FRANÇAIS;

PAR A. C. A. ROUARGUE,

EX-OFFICIER VAINQUEUR A JEMMAPES, etc. etc.

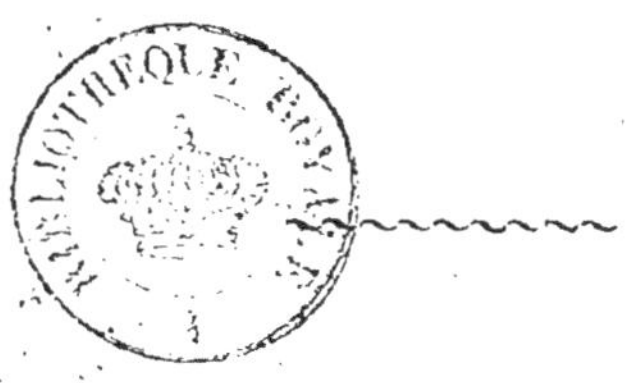

PARIS,

PLANCHER, rue Serpente, n° 14.
DELAUNAY, Libraire, Palais-Royal.

1815.

DE L'IMPRIMERIE DE MADAME VEUVE JEUNEHOMME,
rue Hautefeuille, n° 20.

UNE CONSTITUTION

ET

POINT DE CONSTITUTIONS,

OU

MON VOTE LIBRE

SUR L'ACTE ADDITIONNEL AUX CONSTITUTIONS.

L'ÉPOQUE où nous sommes arrivés est de toutes les époques de notre Révolution celle qui promet d'être la dernière et aussi la plus célèbre. Il serait donc en quelque sorte criminel à tout véritable ami d'une sage Liberté en France, à tout Penseur et Observateur, à tout Publiciste enfin, de garder un silence absolu dans une circonstance où va se consommer l'œuvre d'une restauration salutaire, ou d'un anéantissement total de nos moindres espérances..... C'est pénétré de cette vérité et des sentimens les plus purs, les plus sincères d'amour pour ma Patrie, de soumission aux Lois, de respect pour les Autorités qui en émanent, que je prends la plume pour tracer et soumettre au jugement des Français amis éclairés de la Liberté quelques objections faites rapidement sur le système de Gouvernement constitutionnel *fractionnaire* qui depuis le Consulat régit la France, et auquel, sans parler d'aucun retranchement, on ajoute encore de nouvelles Additions, *spécialement destinées à protéger la Liberté des Citoyens.* Sans doute le motif, étant sincère, est très-louable, et nous en devons à leur Auteur un haut degré de reconnaissance.

Je me suis d'abord demandé : Qu'est-ce qu'une complication *des Constitutions de l'Empire,* dans laquelle on comprend, du moins en partie, celles de 1791, de 1793, de 1795, de l'an 8, les Sénatus Consultes des 14 et 16 thermidor an 10, celui du 28 floréal an 12, *et autres Actes qui régissent l'Empire,* et de plus encore les Articles additionnels du 22 avril 1815, proposés par la *libéralité* de S. M. *pour l'affermissement de la Liberté publique ?* J'avoue de bien bonne foi ne point posséder assez de perspicacité pour entrevoir dans une telle confusion d'Actes une garantie tant soit peu rassurante de *l'affermissement* d'une Liberté dont l'ombre qui en restait nous a été ravie par plusieurs de ces Actes même. Il me semble que la première de ces Constitutions, que je trouve la plus sage, abstraction faite des personnes dans le Pouvoir exécutif ; il me semble, dis-je, que la Constitution de 1791 a été abrogée par celle de 1793, que celle de 1793 l'a été par celle de 1795, celle-ci par celle de l'an 8, et cette dernière violée, mutilée par les Actes ultérieurs d'un Sénat dont l'institution, les attributions, les sermens solennels même paraissaient consacrés à la conservation du dernier Pacte social des Français. Je passerai sous silence les réflexions qu'a fait naître en moi, dans le temps, le **Sénatus-Consulte** dit *Organique* de la Constitution républicaine. Quoi de plus impropre, **de** plus dérisoire, en effet, que ce mot placé en tête d'un acte qui transforme tout à coup une République en une Monarchie, et une Monarchie aussi absolue que l'a été celle-ci dans les mains de son Chef suprême ?.............. Je m'abstiendrai également de toute discussion sur le prétendu projet d'un *système fédératif européen*, duquel on voudrait faire découler la *nécessité* d'un pouvoir tyrannique *héréditaire*..... j'en laisse le soin à des plumes plus savantes, plus profondes en politique que la mienne, incapable de légitimer et encore moins d'approuver de semblables mesures..... Je me renferme donc dans mes seules observations relatives au nouvel ordre de choses, c'est-à-dire dans quelques objections qu'il me semble raisonnable de faire au sujet de *l'Acte additionnel* qui est aujourd'hui présenté à la sanction du Peuple français.

De l'aveu fait dans le préambule même de cet Acte, la situation politique de la France à l'égard des autres Etats de l'Europe n'est plus aujourd'hui la même qu'elle était il y a quinze années ; c'est-à-dire, les projets qui datent de cette époque, et qui ont été infructueusement tentés, sont abandonnés. L'Empereur des Français a déclaré solennellement et authentiquement qu'*il a renoncé au grand Empire;* par ce mot, S. M. a mis à découvert tout le secret de sa politique et de sa conduite passée, secret que tout le monde devinait assez bien, et que sa déclaration n'a fait que confirmer. Les événemens ayant amené la chute d'un Empire qui n'avait été *fondé* que *par nécessité pour arriver au grand résultat d'une Confédération européenne*, la conséquence naturelle de cet état de choses est donc qu'il devient nécessaire, non pas de conserver des *Constitutions.*

faites *dans* et *pour* des circonstances si diffé-
rentes les unes des autres, et de les compliquer
encore d'*Actes additionnels* qui les rendent
de plus en plus incohérentes dans leurs par-
ties diverses, mais de les refondre' dans un
même creuset, d'en extraire ce que l'ex-
périence nous y a fait reconnaître de bon et
d'utile, d'y ajouter ce que nos lumières nous
font croire devoir y être utile encore, et de
soumettre ainsi à la sanction des Français
un Ouvrage complet, rédigé dans un style
clair, concis, dégagé de toute expression
vague, de toute phrase embarrassante, et dont
chaque article ne puisse et ne doive être in-
terprété qu'à la lettre; une Constitution qui
ne puisse donner à croire que l'Auteur ait eu
l'intention d'imiter Tibère dans son langage
avec le Peuple romain : *Verba obscura, per-
plexa, suspensa, eluctantia, in speciem re-
cusantis composita :* « Mots obscurs, per-
plexes, indécis, esquivant toujours entre la
grâce et le refus », car c'est ainsi qu'on en use
lorsqu'on craint et qu'on s'avoue qu'on est
haï et qu'on le mérite; une Constitution con-
venable à un Peuple qui a prouvé par tous
les sacrifices possibles qu'il veut et qu'il est
digne d'être libre, qui est le premier des Peu-

ples éclairés, et qui est heureux de se voir aujourd'hui à peu près circonscrit dans les limites territoriales qu'il a depuis long-temps
souhaitées ; une Constitution où tous les
pouvoirs soient graduellement répartis et
sagement limités; une Constitution où les
intérêts et la *dignité* du Pouvoir exécutif, ou
de ce qu'on appelle *la Couronne*, ne soient
point séparés ou distingués des *intérêts* et
de la *dignité* de la Nation; une Constitution
qui n'admette point une Chambre de Privi-
légiés *héréditaires* (1), (titre qui d'avance la
dégrade aux yeux de la raison), continuel-
lement et naturellement en opposition avec
la Représentation nationale pour les intérêts

---

(1) S'il est un corps particulier nécessaire dans l'E-
tat demi-monarchique pour en connaître et discuter
les *secrets* avec le prince, je pense que le nombre des
membres doit en être fort petit et *limité*; qu'ils doivent être *à vie* et non *héréditaires*; et que les accidens
physiques de la vie sont les seuls motifs qui doivent
autoriser leur retraite, en leur conservant toutefois
leur dignité et leur traitement : hors cela ils doivent
être responsables; et la moindre violation, la moindre
indiscrétion même, chez ces fonctionnaires, qui
aurait des suites fâcheuses pour l'Etat, doit leur faire
encourir la peine capitale.

privés du Prince, auxquels sont attachés si étroitement les leurs; une Constitution, enfin, où la Représentation Nationale ne soit point un vain fantôme, ne soit point illusoire en n'étant point permanente, ne soit point *avilie* par *l'interdiction de la discussion* des projets de Lois qui lui sont présentés; par l'obligation de *soumettre à l'approbation du Pouvoir exécutif* la *nomination de son Président;* par son outrageante dépendance de ce même Pouvoir exécutif, qui a la faculté liberticide de *proroger, ajourner* et *dissoudre* ce premier Corps de l'État, le plus respectable, et la seule autorité qui vraiment doive être inviolable. Le *Législateur* qui propose l'*Acte additionnel* a-t-il donc oublié déjà que naguère encore l'*Empereur* lui-même a proclamé que LA SOUVERAINETÉ RÉSIDE ESSENTIELLEMENT DANS LE PEUPLE? Et puisque le Peuple a une Représentation consacrée par sa Constitution, n'est-ce pas cette Représentation qui seule est dépositaire de sa Souveraineté, et en qui seule aussi réside le droit de l'exercer? Qu'on ne s'y trompe pas : si le Peuple français a pu consentir à ce que *le Gouvernement de la* RÉPUBLIQUE *soit confié à un Empereur,* il n'a pas entendu par-là consentir à ce qu'on détruise sa République, et l'Empereur lui-même sembla si peu l'avoir entendu, qu'il s'honora pendant un temps d'accoler son titre d'*Empereur* à celui de *République française;* témoin les pièces de monnaie frappées à cette époque, où l'on voit pour légende, du côté de l'effigie : Napoléon Empereur, et au revers : République française. On ignore de quelle loi on s'est autorisé pour faire disparaître le mot, *sans doute pour faire oublier la chose :* le Sénat *conservateur,* peut - être, en aurait pu donner la raison. Non, le Peuple français, en *confiant le Gouvernement de sa République à un Empereur,* n'a pas entendu donner la France et se donner lui-même en patrimoine à cet Empereur; il n'a point entendu par - là se dessaisir de ses Droits et de sa Souveraineté; il a continué de voir dans le Corps Législatif les interprètes de sa volonté, dans le Sénat les sages surveillans, les conservateurs de toutes ses Libertés, de tous ses Droits : sans doute il a été cruellement trompé!!!....... Mais le Peuple français a-t-il vraiment consenti à l'Empire? C'est une question qui, selon moi, n'est rien

moins que douteuse ; d'ailleurs, la situation de la France, à cette époque, pou-
vait donner lieu à l'application d'un prin-
cipe politique qu'on trouve dans Diderot :
« Lorsque le Peuple s'écrie : *Donnons l'Em-*
« *pire à César, sans quoi l'armée reste*
« *sans chef*, le Peuple ment ; c'est un
« adulateur dangereux qui cède à la né-
« cessité ». Il faut donc savoir distin-
guer quand le Peuple veut ou fait sem-
blant de vouloir, quand il veut par inté-
rêt, ou seulement par enthousiasme. Toujours est-il vrai qu'en votant pour un
Empereur, le Peuple français n'a fait
que vouloir la concentration, l'unité du
Pouvoir exécutif, qui, dans un État
libre, indépendamment de l'entière con-
confiance de la Nation, doit sans doute être
soutenu de la force, et entouré de tout ce
qui peut paraître propre à le faire respecter,
à le faire obéir ; qui doit même avoir dans ses
attributions le droit de proposer la Loi ; mais
qui n'est, à proprement parler, que la se-
conde personne dans l'Etat, ou, comme l'a
dit Marc-Aurèle, en parlant de lui-même, le
chargé d'affaires de la République, la Représentation nationale étant la première personne,

la seule inviolable, la seule sacrée. Il peut être permis au Conquérant d'un Etat de dire : *Il n'y a qu'une personne dans l'Empire, c'est moi ;* mais il ne peut en être de même d'un Chef élu par la Nation, d'un Monarque constitutionnel, dont le pouvoir a des bornes qu'il ne peut dépasser sans trahir le Peuple qui lui a remis le bouclier protecteur de ses Libertés, en confiant à ses mains le redoutable et précieux dépôt de toute la force publique. Eh quoi ! les Français n'ont-ils donc fait tant de sacrifices depuis vingt-cinq ans, n'ont-ils donc combattu le despotisme qu'en apparence, et en réalité pour son avantage ?...

Je passe au mode de présentation des Constitutions à l'acceptation du Peuple français.

Quel mode plus vicieux peut être adopté pour un acte aussi important, aussi solennel que l'Acceptation d'un régime qui doit faire florir ou plonger dans une affreuse tyrannie cent générations successives, qui a besoin de la plus profonde méditation, d'une entière liberté, exempte de toute espèce d'influence ; quel mode plus vicieux, dis-je, que celui qui a été mis en usage en l'an 8, en l'an 10, en l'an 12, et qui se renouvelle encore aujourd'hui pour l'acceptation de l'*Acte additiónnel?* Pourquoi tant multiplier les Registres destinés à recevoir les Votes, et pourquoi en est-il déposé ailleurs qu'aux Secrétariats des Municipalités, où seulement les Votes devraient être recueillis à l'appel nominal et au scrutin secret? En vain dira-t-on que l'opinon est libre, et qu'on ne doit pas craindre de l'émettre hautement sur ces sortes d'Actes : cela pourrait être s'il y avait en général plus de confiance dans la magnanimité, dans la justice du Chef qui présente son propre ouvrage, et qui paraît user de tous les moyens pour forcer à l'accepter ; ensuite s'il y avait plus de désintéressement et moins de condescendance chez les divers fonctionnaires qui sont à la nomination de ce même Chef ; s'il y avait moins de cupidité et de bassesse chez un grand nombre de Chefs d'Administrations; plus d'aisance et moins de crainte chez les Employés ; moins de passions, moins de servitude, et plus de lumières chez la grande masse des Officiers de l'armée, et en général moins d'esprit de corps et de dépendance chez le Militaire, qui, dans le bon droit, ne devrait jamais être appelé à voter dans des affaires de cette nature, étant accoutumé, par état et par devoir, à ne jamais délibérer, et à toujours recevoir la loi aveuglément. Quel est le soldat qui craindra assez peu d'être *chagriné* pour oser porter son Vote sur la colonne contraire à celle où son Colonel, son Capitaine, son Lieutenant auront consigné le leur ? On peut, à cet égard, mettre au même rang tous les Employés, forcés de voter dans leurs Administrations et sous les yeux de leurs Chefs. Oseront-ils donner un vote libre, quand leur place dépend de la considération dont peuvent jouir ces Chefs auprès du Gouvernement qui propose et par conséquent *veut* être approuvé ? Un autre inconvénient peut-être non moins grave du mode adopté, c'est de donner lieu à la fraude par la grande facilité qu'on a de porter son Vote à la fois sur tous les Registres ; car je peux, dans le même jour, aller voter au Secrétariat de ma Municipalité, à celui de l'Administration où je suis employé, au Greffe du Tribunal de ma résidence, chez mon Juge de paix, chez plusieurs Notaires, et même recommencer ce petit manège autant de fois que je croirai pouvoir induire en erreur sur ma personne les différens dépositaires des Registres, et autant que cela m'amusera ou conviendra au parti auquel je suis dévoué.

C'est ainsi qu'on en a usé à ma connaissance en l'an 10, probablement en l'an 8 et en l'an 12, et qu'on en usera encore cette fois-ci puisqu'il paraît qu'*on s'en est bien trouvé.*

Je me résume. La France a déclaré, par l'organe de son Chef, qu'elle *a renoncé au grand Empire;* la France est rentrée dans ses limites naturelles (ou à peu de chose près du côté du Rhin, que la plus grande majorité des Français désire ne lui pas voir franchir). Après quinze années d'un régime de fer, le Peuple, fatigué, épuisé de sang et de moyens pécuniaires, a besoin de goûter le repos à l'ombre de l'olivier de la paix et du peuplier symbole de la Liberté, de cette Liberté dont on ne lui a jamais montré qu'un vain fantôme, et qui jusqu'à ce jour n'a servi que de pré-texte à l'hideuse anarchie, à l'orgueuilleux despotisme et à l'affreuse tyrannie. A la chute du Gouvernement féodal, nous l'avions saisie un moment cette Liberté chérie, mais notre empressement à en jouir et à vouloir en jouir sans régime et avec excès, l'avait effarouchée; nos divisions, la guerre l'ont fait fuir, non pour ne plus revenir sur notre beau sol, elle ne saurait abandonner la patrie des Sciences et des Beaux-Arts, de l'Industrie et de la Civilisation, mais pour nous laisser le temps de nous préparer à lui faire un accueil moins brusque, moins enthousiaste, plus réfléchi et par conséquent plus solide. Nos divisions ont cessé, les foudres de la guerre ne tonnent plus, la Liberté est à nos portes, elle n'attend plus pour entrer que le simple cortége d'**UNE BONNE ET UNIQUE CONSTITUTION**, qui sera la vraie garantie de la libéralité franche du Chef des Français.

BIBLIOTHEQUE NATIONALE DE FRANCE
3 7502 04468134 6

www.ingramcontent.com/pod-product-compliance
Lightning Source LLC
Chambersburg PA
CBHW061633050726
47595CB00007B/3198